転生したらスライムだった件
Regarding Reincarnated to Slime
で学ぶ

四字熟語100

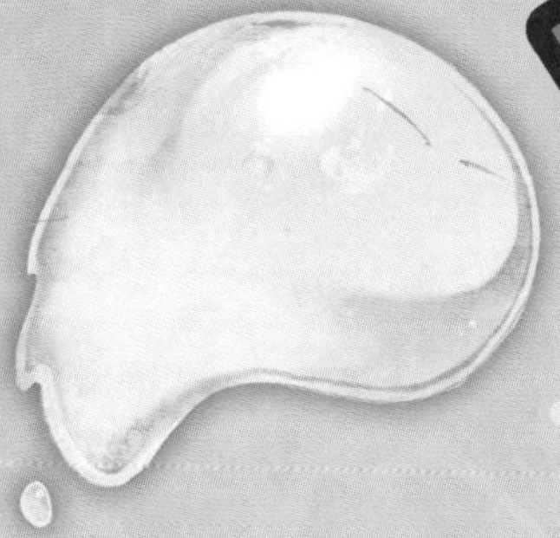

講談社

『転生《てんせい》したらスライムだった件《けん》』のあらすじと主《おも》なキャラクター紹介《しょうかい》

ふつうの会社員《かいしゃいん》だった三上悟《みかみさとる》は急転直下《きゅうてんちょっか》、通《とお》り魔《ま》に刺《さ》され命《いのち》を落《お》としてしまいます。が、彼《かれ》は剣《けん》と魔法《まほう》の異世界《いせかい》でなぜかスライムに転生《てんせい》。はじめは意気消沈《いきしょうちん》して右往左往《うおうさおう》していたものの、天変地異《てんぺんちい》レベルの強《つよ》さをもつ暴風竜《ぼうふうりゅう》ヴェルドラと仲《なか》よくなってリムルという名前《なまえ》をもらい、電光石火《でんこうせっか》のスピードでみるみる強《つよ》くなり、魔物《まもの》たちと仲《なか》よくなります。

弱肉強食《じゃくにくきょうしょく》の世界《せかい》で四苦八苦《しくはっく》したり、絶体絶命《ぜったいぜつめい》のピンチを危機一髪《ききいっぱつ》のところで乗《の》り越《こ》えたり、紆余曲折《うよきょくせつ》をへてたくさんの魔物《まもの》をたばねる魔国連邦《テンペスト》の王《おう》になったリムルは、どんな種族《しゅぞく》でも楽《たの》しく和気藹藹《わきあいあい》と暮《く》らせる国《くに》をつくるために一所懸命《いっしょけんめい》になることを決《き》めたのでした。

リムル＝テンペスト

いろいろあって
魔王《まおう》になったスライム

シズエ・イザワ（シズ）

リムルの運命《うんめい》を大《おお》きく
変《か》えた人《ひと》

魔国連邦《テンペスト》の仲間《なかま》たち

ヴェルドラ＝テンペスト

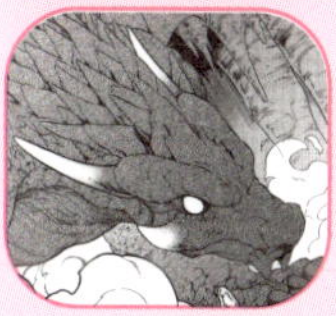
＝

ゴブタ

ランガ

リグルド

ベニマル

シオン

シュナ

ソウエイ

ハクロウ

ガビル

ゲルド

ディアブロ

ミョルマイル

ミリム

リムルの
友《とも》だちの魔王《まおう》

ヒナタ・サカグチ

聖騎士団長《せいきしだんちょう》を務《つと》め
る超強《ちょうつよ》い異世界人《いせかいじん》

ルミナス

神《かみ》でもある魔王《まおう》

ラミリス

迷宮《めいきゅう》づくりが
得意《とくい》な魔王《まおう》

ユウキ・カグラザカ

敵《てき》か味方《みかた》か不明《ふめい》な
異世界人《いせかいじん》

ラプラス

ユウキの下《もと》でいろい
ろ暗躍《あんやく》している人物《じんぶつ》

クレイマン

リムルと対立《たいりつ》
していた元魔王《もとまおう》

もくじ

こ

捲土重来《けんどちょうらい》 42
堅忍不抜《けんにんふばつ》 43
荒唐無稽《こうとうむけい》 44
豪放磊落《ごうほうらいらく》 46
五里霧中《ごりむちゅう》 47
言語道断《ごんごどうだん》 48

さ

才色兼備《さいしょくけんび》 49

し

自画自賛《じがじさん》 50
四苦八苦《しくはっく》 51
試行錯誤《しこうさくご》 52
自業自得《じごうじとく》 53
疾風迅雷《しっぷうじんらい》 54
四面楚歌《しめんそか》 56
弱肉強食《じゃくにくきょうしょく》 57
純真無垢《じゅんしんむく》 58
順風満帆《じゅんぷうまんぱん》 59
心機一転《しんきいってん》 60
神出鬼没《しんしゅつきぼつ》 61

せ

生殺与奪《せいさつよだつ》 62
正正堂堂《せいせいどうどう》 63
切磋琢磨《せっさたくま》 64
絶体絶命《ぜったいぜつめい》 66
千客万来《せんきゃくばんらい》 67
前代未聞《ぜんだいみもん》 68
先手必勝《せんてひっしょう》 69
前途多難《ぜんとたなん》 70
千変万化《せんぺんばんか》 71

そ

相思相愛《そうしそうあい》 72

た

大言壮語《たいげんそうご》 74
泰然自若《たいぜんじじゃく》 75

ち

大胆不敵《だいたんふてき》 76
他力本願《たりきほんがん》 78
丁丁発止《ちょうちょうはっし》 79
朝令暮改《ちょうれいぼかい》 80
猪突猛進《ちょとつもうしん》 82

て

適材適所《てきざいてきしょ》 83
電光石火《でんこうせっか》 84
天真爛漫《てんしんらんまん》 85
天変地異《てんぺんちい》 86

と

当意即妙《とういそくみょう》 87

な

難攻不落《なんこうふらく》 88

に

日進月歩《にっしんげっぽ》 89

は

破顔一笑《はがんいっしょう》 90
八面六臂《はちめんろっぴ》 91
半信半疑《はんしんはんぎ》 92

ひ

美辞麗句《びじれいく》 93
秘中之秘《ひちゅうのひ》 94
百戦錬磨《ひゃくせんれんま》 96
疲労困憊《ひろうこんぱい》 97

ふ

不倶戴天《ふぐたいてん》 98

へ

平身低頭《へいしんていとう》 100

ほ

暴飲暴食《ぼういんぼうしょく》 101
報恩謝徳《ほうおんしゃとく》 102
傍若無人《ぼうじゃくぶじん》 103

ま

満身創痍《まんしんそうい》 104

む

無我夢中《むがむちゅう》 106
無病息災《むびょうそくさい》 107

め

明鏡止水《めいきょうしすい》 108
滅私奉公《めっしほうこう》 110

ブックデザイン：五十嵐好明（LUNATIC）
マンガデータ提供：株式会社二葉企画

【おもな参考文献】
『新明解四字熟語辞典　第二版』（三省堂）、『デジタル大辞泉』（小学館）、『ちいかわ四字熟語』（講談社）、『コウペンちゃんといっしょに学ぶ 小学生の四字熟語』（KADOKAWA）

※本書にはマンガ『転生したらスライムだった件』26巻までの内容が含まれます。また、登場するコマの配置が出典元のマンガとは異なる場合があります。
※本書には、必ずしも紹介している四字熟語の意味と、マンガのコマの内容が一致しないものもあります。

暗《あん》中《ちゅう》模《も》索《さく》

意味《いみ》

なにもわからないまま、とにかくいろいろやってみること。

「暗中《あんちゅう》」はくらやみのなか、「模索《もさく》」はさがし求《もと》めることだよ。

異世界《いせかい》にやってきたばかりの主人公《しゅじんこう》はいろいろ試《ため》してみて、自分《じぶん》がスライムになっていることを知《し》りました。

動《うご》いた…だと!?
ズル
ズルル…
サワリ
!
腹《はら》(?)の下《した》にあるこれは草《くさ》か
匂《にお》いは全《まった》くしないいな
視覚《しかく》・聴覚《ちょうかく》・嗅覚《きゅうかく》はない 触覚《しょっかく》はある
…味覚《みかく》はどうだ?

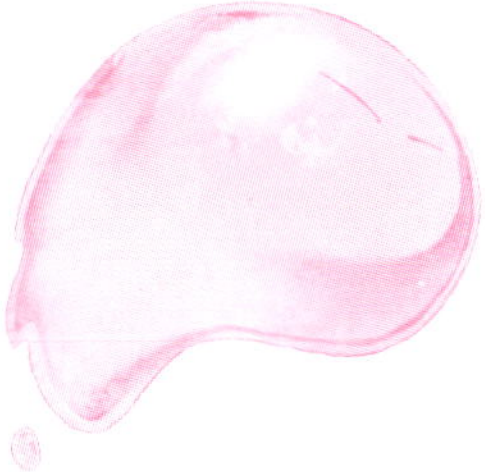

人間《にんげん》じゃ無《な》くなってる!?

1巻《かん》／第《だい》1話《わ》

うん 大体《だいたい》こんな感《かん》じか!
ぷるん!
ってアホか! 認《みと》められるかぁ――!!

意《い》気《き》消《しょう》沈《ちん》

意味《いみ》

落《お》ちこんでしょんぼりすること。

仲間《なかま》を守《まも》るために人間《にんげん》にかみつこうとしたランガ。リムルにたしなめられて、しょんぼりしました。

そんなことしたら魔物《まもの》に対《たい》する心証《しんしょう》が悪《わる》くなっちゃうだろ？

23巻《かん》／第《だい》103話《わ》

大事《だいじ》な時期《じき》なんだから
本当《ほんとう》 無茶《むちゃ》はしないでくれよ？ランガちゃん？
しゅ～ん
は…

水氷大魔散弾《アイシクルショット》——ッ!!

26巻《かん》／第《だい》117話《わ》

一《いち》網《もう》打《だ》尽《じん》

意味《いみ》

一気《いっき》に全員《ぜんいん》をつかまえること。

1回《かい》アミをなげただけで、魚《さかな》などをすべてつかまえることからきているよ。

地下迷宮《ダンジョン》に挑戦《ちょうせん》したエレンたち。吸血蝙蝠《ジャイアントバット》たちを魔法《まほう》で一気《いっき》に撃退《げきたい》しました。

一《いっ》攫《かく》千《せん》金《きん》

意味《いみ》

一気《いっき》にたくさんのお金《かね》を手《て》に入《い》れること。

むずかしい漢字《かんじ》なので「獲《かく》」と書《か》くこともあるけど、本来《ほんらい》は「攫《かく》」と書《か》くよ。

リムルは商人《しょうにん》のミョルマイルに、ラーメンをつかった新《あたら》しいビジネスを提案《ていあん》しました。

19巻《かん》／おまけ

実《じつ》はだね 君《きみ》に 儲《もう》け話《ばなし》を持《も》って 来《き》たんだよ
ほう？ それは どのような？

24巻《かん》／第《だい》106話《わ》

一家団欒《いっかだんらん》

意味《いみ》

家族《かぞく》が集《あつ》まって、楽《たの》しく会話《かいわ》したりすること。

「団欒《だんらん》」は仲《なか》がいいみんなで集《あつ》まってすごすことだよ。

自分《じぶん》の父親《ちちおや》であるハクロウと初《はじ》めて対面《たいめん》できたモミジは、よろこびのあまり抱《だ》きつきました。

…で 君達《きみたち》は 何《なに》をしに来《き》たんだ？
お昼ご飯
スライム風情《ふぜい》に 答《こた》える義理《ぎり》はないね
ザワ…

7巻《かん》／第《だい》33話《わ》

一《いっ》触《しょく》即《そく》発《はつ》

意味《いみ》

ちょっとしたきっかけで、なにかあぶないことが起《お》こりそうな状況《じょうきょう》のこと。

獣王国《ユーラザニア》の使者《ししゃ》フォビオの失礼《しつれい》なことばに、リムルの部下《ぶか》たちは怒《いか》りをあらわにしました。

一所懸命《いっしょけんめい》

意味《いみ》

命《いのち》がけでなにかに取《と》り組《く》むこと。

もともとは日本《にっぽん》の武士《ぶし》が、主君《しゅくん》から与《あた》えられた土地《とち》を命《いのち》がけで守《まも》ったことをさすことばだよ。「一生懸命《いっしょうけんめい》」という同《おな》じ意味《いみ》のことばもあるよ。

23巻《かん》／第《だい》103話《わ》

商人《しょうにん》ミョルマイルの護衛《ごえい》を命《めい》じられたゴブエモンは、全力《ぜんりょく》で取《と》り組《く》むことを誓《ちか》いました。

ほ 本当《ほんとう》ですか？
ああ ただし もっと精進《しょうじん》して俺《おれ》を認《みと》めさせたらだぞ？
承知《しょうち》！
このゴブエモン リムル陛下《へいか》の期待《きたい》に応《こた》えてみせましょう！

威《い》風《ふう》堂《どう》堂《どう》

意味《いみ》

威厳《いげん》があって、とてもりっぱな様子《ようす》。

王《おう》になるつもりの英雄《えいゆう》ヨウムを、ドワーフの王《おう》ガゼルはあえて威圧《いあつ》し、ヨウムの王《おう》としての資質《ししつ》を試《ため》しました。

16巻《かん》／第《だい》74話《わ》

因《いん》果《が》応《おう》報《ほう》

意味《いみ》

よいことをすればよいことが、悪《わる》いことをすれば悪《わる》いことが自分《じぶん》にかえってくるということ。

22巻《かん》／第《だい》98話《わ》

ヴェ…
リムルよ！あの頑固者《がんこもの》を説得《せっとく》してくれ！
我《われ》が寛大《かんだい》にも謝《あやま》ってやったというのにヤツは聞《き》く耳《みみ》持《も》たぬのだ!!
ぎゅ
生と死の抱擁《エンブレイスドレイン》

ずっとむかしにルミナスの都《みやこ》をほろぼしていたヴェルドラは、いまになってルミナスから仕返《しかえ》しをされることになりました。

う

右《う》往《おう》左《さ》往《おう》

意味《いみ》

うろたえて混乱《こんらん》した状態《じょうたい》になり、あっちに行《い》ったりこっちに行《い》ったりすること。

「往《おう》」には移動《いどう》するっていう意味《いみ》があるよ。

魔物《まもの》でありながら神聖魔法《しんせいまほう》をつかうシュナのことばに、もともと聖職者《せいしょくしゃ》だった死霊の王《ワイトキング》のアダルマンはうろたえました。

善《ぜん》も悪《あく》もないのです
思《おも》いの強《つよ》さこそが力《ちから》へと変《か》わるのですから
…!!

18巻《かん》／第《だい》81話《わ》

あり得《え》ない…!
余《よ》は私《わたし》は間違《まちが》っていたのか!?
かつてルミナス教《きょう》の指導者《しどうしゃ》たちに嵌《は》められ死地《しち》に追《お》いやられた時《とき》
神《かみ》ルミナスは救《すく》いの手《て》を差《さ》し伸《の》べてはくれなかった

有《う》頂《ちょう》天《てん》外《がい》

意味《いみ》

大《おお》よろこびすること。

「有頂天《うちょうてん》」は仏教《ぶっきょう》のことばで、「いちばんいい場所《ばしょ》」というような意味《いみ》だよ。

魔王達の宴《ワルプルギス》から無事《ぶじ》に帰《かえ》ってきたリムルの姿《すがた》を見《み》て、リグルドとディアブロは大《おお》よろこびです。

19巻《かん》／第《だい》87話《わ》

お帰《かえ》りなさいませ リムル様《さま》!!
この度《たび》は八星魔王《オクタグラム》 襲名《しゅうめい》の儀《ぎ》 誠《まこと》におめでたき事《こと》に ございます
何《なに》よりも よくぞ ご無事《ぶじ》でお戻《もど》り くださいました!!

ペレッタの話《はなし》を聞《き》いたが
まぁ おおむね予想通《よそうどお》りだ
寂《さび》しくて引《ひ》っ越して来《き》ちゃった
とのこと
で 小屋《こや》を建《た》てていたら ウチの門番《もんばん》に注意《ちゅうい》され
ちょっと!何してるんですか!?
トレイニーさんが眠《ねむ》らせたと
※強制睡眠《きょうせいすいみん》の魔法《まほう》

23巻《かん》／第《だい》103話《わ》

紆《う》余《よ》曲《きょく》折《せつ》

意味《いみ》

ものごとが込《こ》み入《い》っていて、様々《さまざま》ないきさつをたどること。

「紆余《うよ》」は道《みち》などがうねうね曲《ま》がりくねっていることだよ。

さびしくなったラミリスは部下《ぶか》のベレッタ、トレイニーといっしょに勝手《かって》にリムルの領地《りょうち》に入《はい》り、いろいろやりました。

20巻《かん》／第《だい》91話《わ》

汚《お》名《めい》返《へん》上《じょう》

意味《いみ》

いい結果《けっか》を出《だ》して、悪《わる》い評判《ばん》を消《け》すこと。

「汚名挽回《おめいばんかい》」はまちがい。それをいうなら「名誉挽回《めいよばんかい》」だね。

任務中《にんむちゅう》に罪《つみ》をなすりつけられた悪魔《あくま》のディアブロは、彼《かれ》なりのやり方《かた》で責任《せきにん》をとることにしたようです。

温《おん》故《こ》知《ち》新《しん》

意《い》味《み》

むかしのことを調《しら》べたり、考《かんが》えたりして、新《あたら》しいアイディアなどを得《え》ること。

「温《おん》」には「たずねる」「よみがえらせる」というような意《い》味《み》があるよ。

10巻《かん》／第《だい》47話《わ》

異《い》世《せ》界《かい》から召《しょう》喚《かん》され、余《よ》命《めい》が残《のこ》り少《すく》ない子《こ》どもたちを救《すく》う手《しゅ》段《だん》を見《み》つけるため、リムルは図《と》書《しょ》館《かん》をたずねました。

…ま 図《と》書《しょ》館《かん》の本《ほん》に解《かい》決《けつ》法《ほう》が載《の》ってたらとっくに助《たす》けてるよな
告《こく》。魔《ま》法《ほう》書《しょ》の網《もう》羅《ら》が完《かん》了《りょう》しました。
これにより無《む》詠《えい》唱《しょう》での魔《ま》法《ほう》の行《こう》使《し》が可《か》能《のう》となりました。
お邪魔しました
はぁ…
調《しら》べ物《もの》しに来《き》たのについでに大《たい》量《りょう》の魔《ま》法《ほう》書《しょ》を解《かい》析《せき》する大《だい》賢《けん》者《じゃ》さんさすがです

快《かい》刀《とう》乱《らん》麻《ま》

意味《いみ》

込《こ》み入《い》った問題《もんだい》をあざやかに解決《かいけつ》すること。

「快刀《かいとう》」はするどい刃物《はもの》、「乱麻《らんま》」はからまった麻《あさ》のことだよ。

13巻《かん》／第《だい》63話《わ》

魔国連邦《テンペスト》に侵攻《しんこう》してきた人間《にんげん》たちの軍隊《ぐんたい》を撃退《げきたい》するため、ベニマルは先陣《せんじん》を切《き》って、魔物《まもの》を弱体化《じゃくたいか》させていた結界《けっかい》の基点《きてん》を破壊《はかい》しました。

ズズゥン
悪《わる》いな
俺《おれ》の八《や》つ当《あ》たりに付《つ》き合《あ》ってもらって

画《が》竜《りょう》点《てん》睛《せい》

か

意味《いみ》

なにかを完成《かんせい》させるための大事《だいじ》な仕《し》上《あ》げをすること。

「睛《せい》」はひとみのこと。あえてひとみを描《か》かないでいた竜《りゅう》の絵《え》にひとみを描《か》き足《た》したら、絵《え》から竜《りゅう》が飛《と》び出《だ》して飛《と》んでいったという中《ちゅう》国《ごく》のお話《はなし》が由来《ゆらい》だよ。

俺《おれ》の分身体《ぶんしんたい》だ
クアハハハハハ!
良《い》い依《よ》り代《しろ》だ ありがたく頂戴《ちょうだい》するとしよう

リムルは自分《じぶん》のなかで精神生命体《せいしんせいめいたい》だった暴風竜《ぼうふうりゅう》ヴェルドラに肉体《にくたい》を与《あた》え、復活《ふっかつ》させました。

究極《きゅうきょく》の力《ちから》を手《て》に入《い》れたぞ！
逆《さか》らうものは皆殺《みなごろ》しだぁ!!
俺《おれ》の姿《すがた》を男性型《だんせいがた》に特化《とっか》させた感《かん》じだな

艱《かん》難《なん》辛《しん》苦《く》

意味《いみ》

ものすごくたいへんな目《め》にあって、なやみ、苦《くる》しむこと。

「艱難《かんなん》」はつらい目《め》にあって苦《く》労《ろう》し、なやむという意味《いみ》だよ。

ジュラの大森林《だいしんりん》に攻《せ》め込《こ》んできた豚頭族《オーク》たちですが、彼《かれ》らにもやむにやまれぬ事情《じじょう》がありました。

5巻《かん》／第《だい》25話《わ》

同胞《どうほう》が飢《う》えているのだ
オレは負《ま》けられぬ
オレが死《し》んだら同胞《どうほう》が罪《つみ》を背負《せお》う
王よ
ゲルド様
もはや退《ひ》けぬのだ
皆《みな》が飢《う》えることのないように
オレがこの世《よ》の全《すべ》ての飢《う》えを引《ひ》き受《う》けてみせよう!!

危《き》機《き》一《いっ》髪《ぱつ》

意味《いみ》

ほんの少《すこ》しのちがいでたいへんなことになりそうな、あぶない状況《じょうきょう》のこと。

「一髪《いっぱつ》」には「髪《かみ》の毛《け》1本分《ぼんぶん》くらいのちがい」という意味《いみ》がこめられているよ。

18巻《かん》／第《だい》83話《わ》

操《あやつ》られた魔王《まおう》ミリムと戦《たたか》うことになったリムル。激《はげ》しい攻撃《こうげき》をギリギリのところでかわします。

き

起《き》死《し》回《かい》生《せい》

意味《いみ》

もうダメだという状況《じょうきょう》から立《た》て直《なお》すこと。

「起死《きし》」も「回生《かいせい》」も、死《し》んでしまいそうな人《ひと》をよみがえらせるという意味《いみ》だよ。

せめて苦《くる》しまぬよう一瞬《いっしゅん》で――
万物《ばんぶつ》よ尽《つ》きよ!
霊子崩壊《ディスインテグレーション》!!
それを待《ま》っていました!!

覚悟《かくご》を決《き》めたアダルマンの必殺魔法《ひっさつまほう》をうまくつかい、シュナは状況《じょうきょう》を一変《いっぺん》させました。

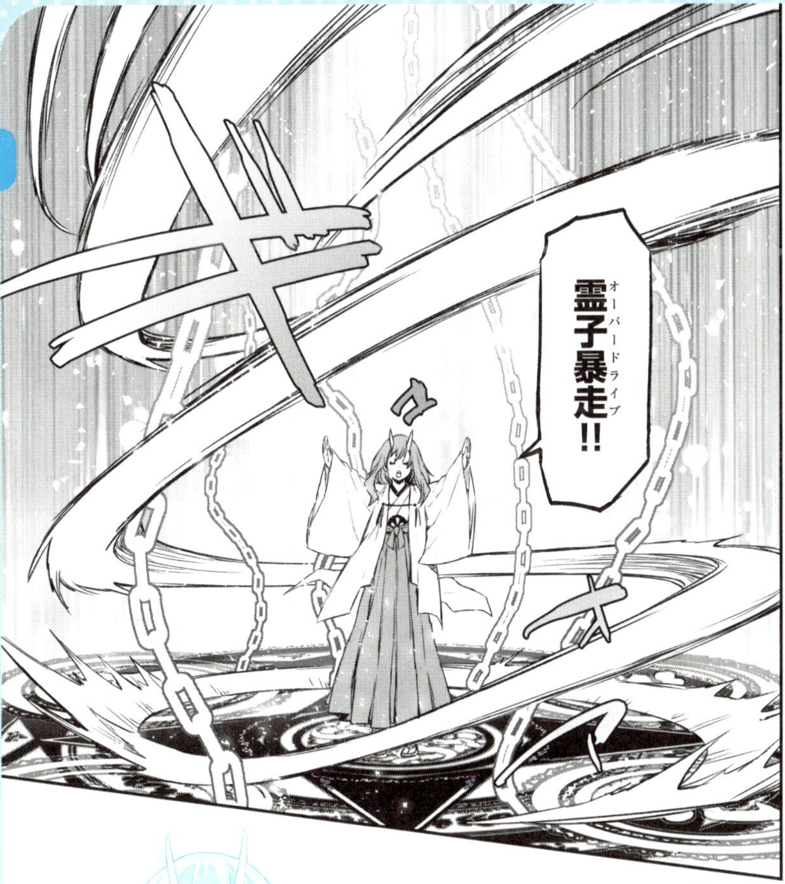
霊子暴走《オーバードライブ》!!

18巻《かん》／第《だい》81話《わ》

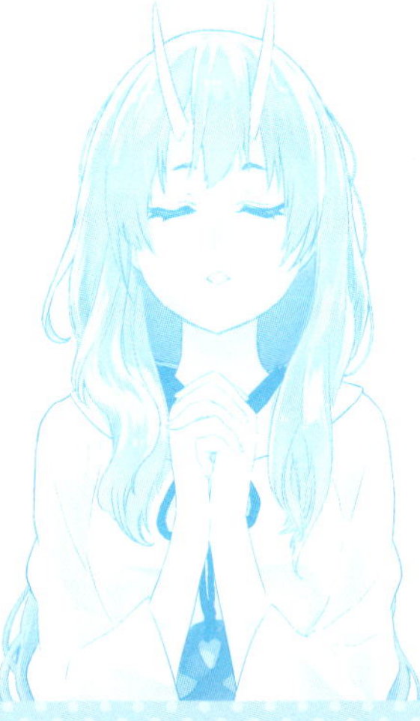

ええと…
ニコ
ニッコ
トレイニーさんで……

17巻《かん》／第《だい》77話《わ》

喜《き》色《しょく》満《まん》面《めん》

意味《いみ》

ものすごくよろこんでいる様子《ようす》を、顔《かお》じゅうにあらわすこと。

魔王《まおう》ラミリスが大好《だいす》きな樹妖精《ドライアド》のトレイニーは、お供《とも》として魔王達の宴《ワルプルギス》についていけることにご満悦《まんえつ》です。

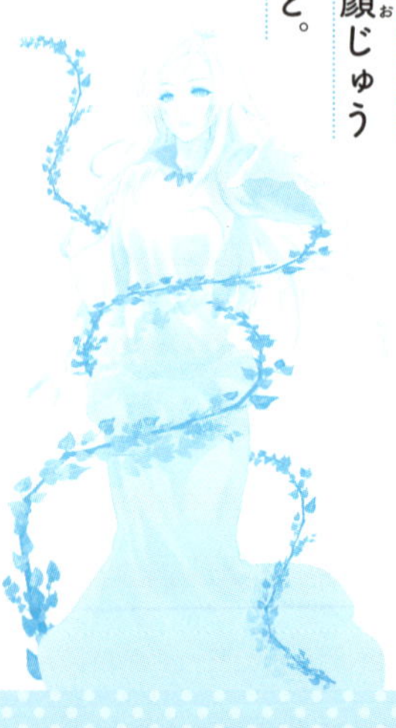

疑《ぎ》心《しん》暗《あん》鬼《き》

意味《いみ》

うたがう気《き》もちがあると、なんでもあやしく、こわく感《かん》じること。

「疑心暗鬼《ぎしんあんき》を生《しょう》ず（うたがいの心《こころ》が、いるはずのない亡霊《ぼうれい》を生《う》み出《だ》す）」ということばを略《りゃく》したものだよ。

17巻《かん》／第《だい》75話《わ》

あの中《なか》にいるのか…？
俺《おれ》の正体《しょうたい》をヒナタに伝《つた》えたものが——

聖騎士団《クルセイダーズ》の団長《だんちょう》ヒナタに、スライムである自分《じぶん》が来《き》ていることを密告《みっこく》した人物《じんぶつ》がいるのではと、リムルはうたがいました。

き

急《きゅう》転《てん》直《ちょっ》下《か》

意味《いみ》

状況《じょうきょう》がいきなり変《か》わったり、急《きゅう》に結末《けつまつ》に近《ちか》づいたりすること。

10巻《かん》／第《だい》46話《わ》

シズさんの代役《だいやく》って…何《なん》でやすか？
英雄《えいゆう》とかぁ？
教師《きょうし》だ

人間《にんげん》の国《くに》にやってきたリムルがいきなり「教師《きょうし》になる」といいだし、旅《たび》は突然《とつぜん》、中断《ちゅうだん》されました。

き

驚《きょう》天《てん》動《どう》地《ち》

意味《いみ》

世《よ》のなかをとてもおどろかせること。

「天《てん》をおどろかせ、地《ち》を動《うご》かす」という意味《いみ》だよ。

17巻《かん》／第《だい》75話《わ》

話《はなし》は聞《き》かせて貰《もら》ったわ！
この国《くに》は滅亡《めつぼう》する!!
な…なんだって――!!

魔王《まおう》ラミリスの突然《とつぜん》の発言《はつげん》に、リムル、ベニマル、リグルドは衝撃《しょうげき》を受《う》けました。

23巻《かん》／第《だい》103話《わ》

欣《きん》喜《き》雀《じゃく》躍《やく》

意味《いみ》

おどりだすくらいよろこぶこと。

「欣《きん》」「喜《き》」はどちらもよろこぶ、という意味《いみ》。「雀躍《じゃくやく》」はスズメがぴょんぴょんはねている様子《ようす》のことだよ。

迷宮《めいきゅう》づくりが得意《とくい》な魔王《まおう》ラミリスは、リムルから地下迷宮《ダンジョン》づくりという仕事《しごと》をお願《ねが》いされ、よろこんで引《ひ》き受《う》けました。

く

群《ぐん》雄《ゆう》割《かっ》拠《きょ》

意味《いみ》

たくさんの英雄《えいゆう》たちが各地《かくち》を支配《しはい》して、対立《たいりつ》し合《あ》っていること。

「割拠《かっきょ》」は土地《とち》をわけて、それぞれが自分《じぶん》の支配地《しはいち》を中心《ちゅうしん》に勢力《せいりょく》をもつことだよ。

リムルが加《くわ》わり、総勢《そうぜい》8名《めい》になって誕生《たんじょう》した八星魔王《オクタグラム》の魔王《まおう》たちは、それぞれ自分《じぶん》の領地《りょうち》を支配《しはい》することになりました。

19巻《かん》／第《だい》86話《わ》

君《きみ》をゴブリン・ロードに任命《にんめい》する
村《むら》を上手《うま》く治《おさ》めるように

1巻《かん》／第《だい》3話《わ》

鶏《けい》口《こう》牛《ぎゅう》後《ご》

意味《いみ》

大《おお》きい組織《そしき》の下《した》っぱでいるより、小《ちい》さい組織《そしき》でいいから、リーダーでいるほうがいいということ。

「むしろ鶏口《けいこう》となるも牛後《ぎゅうご》となるなかれ」ということばの略《りゃく》。「鶏口《けいこう》」は「ニワトリのくちばし」で、「牛後《ぎゅうご》」は「ウシのおしり」のことだよ。

ゴブリンと牙狼族《がろうぞく》たちを束《たば》ねることになったリムルは、ゴブリンの長《おさ》だったリグルドを新《あら》たな村《むら》のリーダーにすることにしました。

け

元《げん》気《き》溌《はっ》剌《らつ》

意味《いみ》

元気《げんき》があって、生《い》き生《い》きとしていること。

「溌剌《はつらつ》」は魚《さかな》がとびはねている様子《ようす》をさすよ。

25巻《かん》／第《だい》112話《わ》

魔国連邦《テンペスト》で開《ひら》かれた武闘大会《ぶとうたいかい》の司会《しかい》を任《まか》されたソーカは、隠密《おんみつ》なのに大勢《おおぜい》の人《ひと》の前《まえ》に顔《かお》を出《だ》して、とても張《は》り切っています。

武闘大会《ぶとうたいかい》の本戦《ほんせん》だ
さぁ お集《あつ》まりの紳士淑女《しんししゅくじょ》の皆《みな》さん！
昨日《きのう》の熱《あつ》いバトルロイヤルはいかがでしたでしょうか？

乾《けん》坤《こん》一《いっ》擲《てき》

意味《いみ》

成功《せいこう》するか失敗《しっぱい》するかの大《おお》きな勝負《しょうぶ》をすること。

「乾《けん》」は天《てん》、「坤《こん》」は地面《じめん》、「一擲《いってき》」はサイコロを1回《かい》投《な》げることだよ。

21巻《かん》／第《だい》95話《わ》

崩魔霊子斬《メルトスラッシュ》!!
うそだろ まさか——

け

神聖魔法《しんせいまほう》のなかで最大《さいだい》の威力《いりょく》を誇《ほこ》る魔法《まほう》、霊子崩壊《ディスインテグレーション》を刃《やいば》に乗《の》せたヒナタの必殺技《ひっさつわざ》を、リムルはあえて避《よ》けずに受《う》ける決断《けつだん》をしました。

「暴食之王」を――――
避《よ》けずに受《う》けるつもりなのか!?

捲《けん》土《ど》重《ちょう》来《らい》

意味《いみ》

いちど失敗《しっぱい》したり負《ま》けたりした人《ひと》が、勢《いきお》いを取《と》り戻《もど》して巻《ま》き返《かえ》すこと。

「捲土《けんど》」は土《つち》けむりが巻《ま》き上《あ》がること、「重来《ちょうらい》」はふたたびやってくるという意《い》味《み》だよ。

さて 今度《こんど》は こっちの番《ばん》だな

21巻《かん》／第《だい》96話《わ》

七曜《しちよう》たちの三重霊子崩壊《トリニティディスインテグレーション》が直撃《ちょくげき》しても平気《へいき》だったリムル。仲間《なかま》たちと反撃《はんげき》に出《で》ました。

堅《けん》忍《にん》不《ふ》抜《ばつ》

意味《いみ》

じっと我慢《がまん》してくじけないこと。

19巻《かん》／第《だい》87話《わ》

あおいミリム
それ酒《さけ》だぞ！
俺が持ってきたやつ
わははは
いいではないか
頑張《がんば》った
ご褒美《ほうび》なのだ
頑張《がんば》った？

魔王《まおう》クレイマンに操《あやつ》られたふりを続《つづ》けるため、ミリムは生《なま》ピーマンをかじって無表情《むひょうじょう》をキープしていました。

無表情《むひょうじょう》を保《たも》つために
こっそり生《なま》ピーマンを
かじったりな！
もしゃあ…
そんなこと
してたのか

荒《こう》唐《とう》無《む》稽《けい》

意味《いみ》

いっていることがデタラメで信《しん》じられないこと。

「荒唐《こうとう》」はとりとめがない、「無稽《むけい》」は根拠《こんきょ》がない、という意味《いみ》だよ。

天災級《カタストロフ》の強《つよ》さをもつ魔王《まおう》ミリムと友《とも》だちになったという信《しん》じがたいリムルのことばも、ガゼル王《おう》は信《しん》用《よう》しました。

俺《おれ》の近《ちか》くにツインテールの娘《むすめ》がいたろ？
あれだよあれ
そういえばいた！
ある日突然《ひとつぜん》「挨拶《あいさつ》にきた」とか言《い》ってさ
そのまま流《なが》れで友達《ともだち》になったんだ

まぁ…
信《しん》じられないってのもわかるけど
……
ふッ
くっくっくっ…
ホラにしては荒唐無稽《こうとうむけい》がすぎるな！

9巻《かん》／第《だい》41話《わ》

豪《ごう》放《ほう》磊《らい》落《らく》

11巻《かん》／第《だい》50話《わ》

意味《いみ》

大《おお》らかで小《ちい》さいことにこだわらないこと。

「豪放《ごうほう》」も「磊落《らいらく》」も、どちらも「小《ちい》さいことにこだわらない」という意味《いみ》だよ。

占《うらな》いが得意《とくい》な耳長族《エルフ》のお姉《ねえ》さんは、リムルのお願《ねが》いに対《たい》して気前《きまえ》のいい（計算高《けいさんだか》い？）返事《へんじ》をしました。

ひとつ占《うらな》ってもらいたい場所《ばしょ》があるんだ
いくら払《はら》えばいい？
ただでいいわ
え？
いつかスライムさんのところで働《はたら》くことになった時《とき》
お給料《きゅうりょう》はずんでもらうから！
男前《おとこまえ》え…！
女性だけど

……ひょっとして迷《まよ》ったのか？
ダラ
ダラ
ダラ
ダラ
ダラ
ちず

9巻《かん》／第《だい》43話《わ》

五《ご》里《り》霧《む》中《ちゅう》

意味《いみ》

どこに向《む》かえばいいかわからず、困《こま》ってしまうこと。また、物事《ものごと》の様子《ようす》がつかめず、どうしたらよいかわからない状態《じょうたい》のこと。

「里《り》」はむかしの距離《きょり》の単位《たんい》。「五里夢中《ごりむちゅう》」と書《か》くのはまちがいだよ。

リムルは人間《にんげん》の国《くに》イングラシアを訪《おとず》れるため、冒険者《ぼうけんしゃ》のカバル、エレン、ギドに道案内《みちあんない》を頼《たの》みましたが、迷子《まいご》になったようです。

言語道断《ごんごどうだん》

意味《いみ》

とてもひどいこと、とんでもないこと。

「道《どう》」は「口《くち》でいう」という意味《いみ》もある。だから「道断《どうだん》」で「いうことを断《た》たれる」という意味《いみ》になるよ。

神聖《しんせい》なルミナス教《きょう》の奥《おく》の院《いん》に潜《もぐ》り込《こ》んだラプラスですが、祭服《さいふく》を着《き》た吸血鬼《ヴァンパイア》に撃退《げきたい》されました。

吸血鬼族《ヴァンパイア》が祭服《さいふく》をまとって現《あらわ》れるなど——
唯一神《ゆいいっしん》ルミナス様《さま》の御前《ごぜん》を汚《けが》すことは断《だん》じて許《ゆる》さん!!
やばっ

16巻《かん》／第《だい》73話《わ》

知恵《ちえ》と美貌《びぼう》！
ふふん

11巻《かん》／第《だい》51話《わ》

才《さい》色《しょく》兼《けん》備《び》

意味《いみ》

すごい才能《さいのう》と、美《うつく》しい見《み》た目《め》のどちらももっていること。

自《みずか》らを魔王《まおう》だと主張《しゅちょう》するラミリスは、自《じ》分《ぶん》の能力《のうりょく》の特化《とっか》した部分《ぶぶん》を渾身《こんしん》のドヤ顔《がお》でいいました。

このスマートな仕事《しごと》ぶり…
幹部昇進《かんぶしょうしん》の日《ひ》も近《ちか》いのである
…

14巻《かん》／第《だい》64話《わ》

自《じ》画《が》自《じ》賛《さん》

意味《いみ》

自分《じぶん》で自分《じぶん》をほめること。

「自分《じぶん》で描《か》いた絵《え》に、自分《じぶん》で詩《し》や文章《ぶんしょう》を書《か》く」という意味《いみ》。ふつうは、ほかの人《ひと》に書《か》いてもらうものなんだ。

リムルから結界《けっかい》の基点《きてん》の破壊《はかい》を命《めい》じられたガビルはあざやかに仕事《しごと》をこなし、自分《じぶん》で自分《じぶん》をほめました。

四《し》苦《く》八《はっ》苦《く》

意味《いみ》

とても苦労《くろう》すること。

仏教《ぶっきょう》のことばで、「四苦《しく》」は生老病死《しょうろうびょうし》の4つ、「八苦《はっく》」はそれに愛別離苦《あいべつりく》、怨憎会苦《おんぞうえく》、求不得苦《ぐふとくく》、五陰盛苦《ごおんじょうく》を足《た》した8つの苦《くる》しみのことだよ。

26巻《かん》／第《だい》115話《わ》

勇者《ゆうしゃ》マサユキは自分《じぶん》のユニークスキル「英雄覇道《エラバレシモノ》」の効果《こうか》で、勝手《かって》にまわりの人《ひと》からあがめられてしまうせいで、いろいろ苦労《くろう》しました。

マサユキの仲間《なかま》は彼《かれ》を神《かみ》のように崇《あが》めるので 本音《ほんね》で語《かた》り合うこともできなかったそうだ
ユウキは愚痴《ぐち》を聞《き》いてくれるが自由組合総帥《グランドマスター》をそうそう振《ふ》り回《まわ》す訳《わけ》にもいかず…
必然的《ひつぜんてき》に不満《ふまん》とストレスが溜《た》まっていたようだ
キリキリ
——さて
そろそろ昼休《ひるやす》みも終《お》わるな
ガタ

ゴブイチは試行錯誤《しこうさくご》を繰《く》り返《かえ》し
ストレートとちぢれ麺《めん》ではスープの絡《から》み方《かた》が違《ちが》う
豚骨《とんこつ》にはストレートの極細麺《ごくほそめん》を使《つか》ってみよう
繰《く》り返《かえ》し
後味《あとあじ》の好《この》みは人《ひと》により異《こと》なる
同《おな》じラーメンでも二種類《しゅるい》作《つく》ってみよう
そうだな
繰《く》り返《かえ》し
やがて——
か…完成《かんせい》だ…

19巻《かん》／おまけ

試《し》行《こう》錯《さく》誤《ご》

意味《いみ》

いろいろ試《ため》したり、まちがったりしながら、いい方法《ほうほう》を見《み》つけること。

リムルとミョルマイルが立《た》てた、ラーメンをビジネスにする計画《けいかく》を実行《じっこう》するため、料理《りょうり》の得意《とくい》なゴブイチはいろいろなラーメンをつくってみました。

自《じ》業《ごう》自《じ》得《とく》

意味《いみ》

自分《じぶん》の悪《わる》い行《おこな》いの報《むく》いを受《う》けること。

「業《ごう》」は仏教《ぶっきょう》のことばで、「行為《こうい》」のことだよ。

宴会《えんかい》でお酒《さけ》を飲《の》みすぎたリムルは翌日《よくじつ》、二日酔《ふつかよ》いに苦《くる》しみました。

22巻《かん》／第《だい》99話《わ》

――翌日《よくじつ》
智慧之王《ラファエル》先生《せんせい》 頭《あたま》が痛《いた》いんですけど…
解《かい》。自業自得《じごうじとく》です。

疾《しっ》風《ぷう》迅《じん》雷《らい》

意味《いみ》

すばやくて、はげしい様子《ようす》。

「疾風《しっぷう》」と「迅雷《じんらい》」は、それぞれ「はやい風《かぜ》」と「はげしい雷《かみなり》」という意味《いみ》だよ。

18巻《かん》／第《だい》80話《わ》

獣王国《ユーラザニア》の三獣士《さんじゅうし》、黄蛇角《オウダカク》アルビスが真《しん》の姿《すがた》を見《み》せると、強風《きょうふう》が吹《ふ》き荒《あ》れて雷《かみなり》が響《ひび》きます。

ちょ
ちょっとアルビスさん 電気《でんき》漏《も》れてるっすよ!?
ゴゴゴゴ
味方《みかた》もいるっす 見《み》えてるっすか!?
ええ でも早《はや》く お逃《に》げなさいな
こうなると手加減《てかげん》できませんの
総員退避《そういんたいひ》──!!

四《し》面《めん》楚《そ》歌《か》

意味《いみ》

まわりにいるのが敵《てき》や反対《はんたい》する人《ひと》たちばかりだということ。

むかしの中国《ちゅうごく》で、楚《そ》という国《くに》の項羽《こうう》が敵《てき》の漢軍《かんぐん》にかこまれたとき、まわりをかこむ漢軍《かんぐん》から楚《そ》の歌《うた》が聞《き》こえてきて、「楚《そ》の民《たみ》はすでに漢《かん》に降伏《こうふく》してしまったのか」とおどろいたお話《はなし》が由来《ゆらい》だよ。

リムルとの戦《たたか》いでよび出《だ》した部下《ぶか》たちが全員倒《ぜんいんたお》されてしまい、味方《みかた》がいなくなった魔王《まおう》クレイマンは呆然《ぼうぜん》としました。

18巻《かん》／第《だい》83話《わ》

魔物《まもの》に共通《きょうつう》する唯一不変《ゆいいつふへん》の法律《ルール》がある
弱肉強食《じゃくにくきょうしょく》
立《た》ち向《む》かった時点《じてん》で覚悟《かくご》はできていたはずだ

5巻《かん》／第《だい》26話《わ》

弱《じゃく》肉《にく》強《きょう》食《しょく》

意味《いみ》

強《つよ》い者《もの》が、弱《よわ》い者《もの》を犠牲《ぎせい》にしてさかえること。

豚頭族《オーク》との戦《たたか》いが終《お》わったあと、侵略《しんりゃく》してきた豚頭族《オーク》たちを罪《つみ》に問《と》わないと決《き》めたリムル。被害《ひがい》を受《う》けた蜥蜴人族《リザードマン》の首領《しゅりょう》は不服《ふふく》でしたが、魔物《まもの》の法律《ルール》にのっとり、リムルの決定《けってい》に従《したが》いました。

純《じゅん》真《しん》無《む》垢《く》

意味《いみ》

心《こころ》がきよらかで、いつわりがないこと。

夜《よる》にこっそり出《で》かけていったリムルでしたが、ピュアなゴブゾウがシュナに行《ゆ》き先《さき》を正直《しょうじき》に答《こた》えたため、リムルはめちゃくちゃ怒《おこ》られました。

9巻《かん》／第《だい》42話《わ》

しゅ
しゅ
しゅ
シュナ!? なぜここに…
なぜって ゴブゾウが全《すべ》て話《はな》してくれましたので
なっ…
ゴブゾウ ゴブタの部下《ぶか》の一人《ひとり》
ゴブゾウっ お前《まえ》…
どうして…っ
出《で》がけに どこに行《い》くか聞《き》かれたで お答《こた》えしたダス
何《なに》してくれてんだ お前《まえ》ええええええっっっ

いやー一時《いちじ》はどうなることかと思《おも》ったが
ま 概《おおむ》ね予定通《よていどお》りだな！
出禁になったケド

2巻《かん》／第《だい》7話《わ》

順《じゅん》風《ぷう》満《まん》帆《ぱん》

意《い》味《み》

ものごとがすべて順調《じゅんちょう》にいっていること。

船《ふね》の帆《ほ》が追《お》い風《かぜ》を受《う》けて進《すす》んでいる様子《ようす》からきているよ。

リムルは武装国家《ぶそうこっか》ドワルゴンで罪《つみ》に問《と》われて裁判《さいばん》になりましたが、結果的《けっかてき》には技術《ぎじゅつ》をもつドワーフたちを無事《ぶじ》にスカウトできました。

その後《あと》 小一時間《こいちじかん》ほど
ベスターの平謝《ひらあやま》りが続《つづ》き
正直《しょうじき》めんどうになって
許《ゆる》したが
本当に申し訳なかった!!
我が身を振り返れば恥ずかしいばかりで本当に私は
わかった わかった
その顔《かお》にかつての
ような険《けわ》しさはなかった

完全回復薬《フルポーション》だ
やったな
ベスター

7巻《かん》／第《だい》32話《わ》

心《しん》機《き》一《いっ》転《てん》

意味《いみ》

なにかをきっかけにして、気《き》もちががらりと変《か》わること。

かつてはリムルたちをおとしいれようとしたドワーフのベスターですが、すっかり心《こころ》を入《い》れ替《か》えて研究《けんきゅう》にはげみ、完全回復薬《フルポーション》の開発《かいはつ》に成功《せいこう》しました。

神《しん》出《しゅつ》鬼《き》没《ぼつ》

意味《いみ》

自由《じゆう》にあらわれたり、いなくなったりすること。

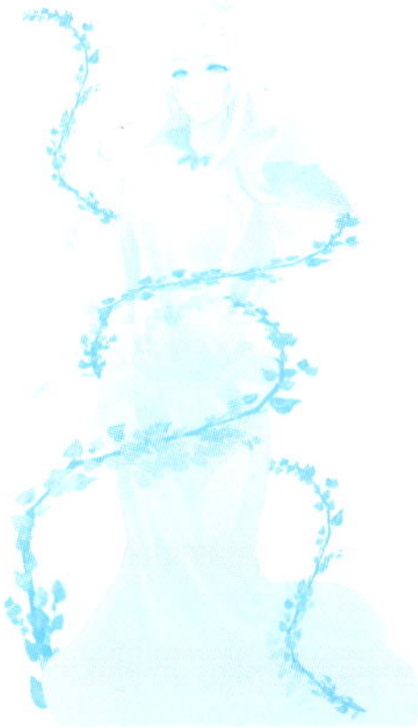

11巻《かん》／第《だい》48話《わ》

なるほど つまりリムル様《さま》は
子供達《こどもたち》に精霊《せいれい》を宿《やど》そうとお考《かんが》えなのですね
トレイニーさん いたのかよ!!
はい 頂《いただ》いて おります
シュークリムル
4つ目です
4つ目《め》!?

樹妖精《ドライアド》のトレイニーは、いつの間《ま》にかあらわれ、いつの間《ま》にかお菓子《かし》を食《た》べていました。

クレイマンが私《わたし》に施《ほどこ》した秘術《ひじゅつ》は「支配の心臓《マリオネットハート》」という——
仮初《かりそ》めの心臓《しんぞう》を媒体《ばいたい》に被術者《ひじゅつしゃ》を魔人《まじん》へと至《いた》らしめるものでした
以来《いらい》 私《わたし》の心臓《しんぞう》はクレイマンの掌《てのひら》の上 私《わたし》は約束《やくそく》されたものを受《う》けとったけれど
同時《どうじ》に自由《じゆう》を失《うしな》ったわ
文字通《もじどお》り生殺与奪権《せいさつよだつけん》を握《にぎ》られてるってことか
なるほどな

13巻《かん》／第《だい》61話《わ》

生《せい》殺《さつ》与《よ》奪《だつ》

意味《いみ》

ほかの人《ひと》を思《おも》いどおりにすること。

生《い》かすも殺《ころ》すも、与《あた》えるも奪《うば》うも、すべてコントロールしているという意味《いみ》だよ。

魔王《まおう》クレイマンによって心臓《しんぞう》を奪《うば》われていたミュウランは、クレイマンの命令《めいれい》に従《したが》い、リムルたちへのスパイ行為《こうい》をしていました。

せ

正《せい》正《せい》堂《どう》堂《どう》

意味《いみ》

正《ただ》しくて、りっぱな態度《たいど》や手段《しゅだん》のこと。

6巻《かん》／第《だい》28話《わ》

豚頭族《オーク》の軍勢《ぐんぜい》を倒《たお》したリムルの本性《ほんしょう》を見極《みきわ》めるため、ドワーフの王《おう》ガゼルはリムルに一対一《いちたいいち》の勝負《しょうぶ》を挑《いど》みました。

切《せっ》磋《さ》琢《たく》磨《ま》

意味《いみ》

友《とも》だち同士《どうし》ではげまし合《あ》い、競《きそ》い合《あ》って、ものごとが上達《じょうたつ》すること。

「切《せつ》」「磋《さ》」「琢《たく》」「磨《ま》」は、動物《どうぶつ》の角《つの》や石《いし》を加工《かこう》するときの、きざんだり磨《みが》いたりする工程《こうてい》のことだよ。

シオンの気性《きしょう》の激《はげ》しさをそのまま表現《ひょうげん》したような旋律《せんりつ》

25巻《かん》／第《だい》111話《わ》

幼《おさな》いころからいっしょにいたシュナとシオンの二重奏《デュオ》は、長《なが》いあいだ修練《しゅうれん》を重《かさ》ねてきた成果《せいか》です。

いや〝棄権《きけん》〟一択《いったく》でしょ
こんなの!!
戦《たたか》ったら絶対《ぜったい》
死《し》ぬじゃん
あんなデカい爪《つめ》で
抉《えぐ》られたら即死《そくし》だよ！
ギラン

26巻《かん》／第《だい》115話《わ》

絶《ぜっ》体《たい》絶《ぜっ》命《めい》

意味《いみ》

のがれようのない危険《きけん》な状況《じょうきょう》にあること。

「絶体《ぜったい》」も「絶命《ぜつめい》」も、九星術《きゅうせいじゅつ》という占《うらな》いの不吉《ふきつ》な星《ほし》の名前《なまえ》。「絶対絶命《ぜったいぜつめい》」と書《か》くのはまちがいだよ。

本当《ほんとう》は強《つよ》くない勇者《ゆうしゃ》マサユキは、武闘《ぶとう》大会《たいかい》でゴブタとランガの強《つよ》そうなコンビの前《まえ》に大《だい》ピンチにおちいりました。

千《せん》客《きゃく》万《ばん》来《らい》

意味《いみ》

たくさんのお客《きゃく》さんが来《く》ること。

6巻《かん》／第《だい》30話《わ》

武装国家《ぶそうこっか》ドワルゴンと協定《きょうてい》を結《むす》び、国《くに》として認《みと》められた魔国連邦《テンペスト》の首都《しゅと》には、たくさんの種族《しゅぞく》が訪《おとず》れるようになりました。

テンペストの首都《しゅと》
リムルは
毎日千客万来《まいにちせんきゃくばんらい》だ

あり得《え》ぬ！
この世《よ》に「霊子崩壊《ディスインテグレーション》」の直撃《ちょくげき》に耐《た》え得《う》る存在《そんざい》などあってはならぬ!!

21巻《かん》／第《だい》96話《わ》

前《ぜん》代《だい》未《み》聞《もん》

意味《いみ》

これまで聞《き》いたことがないような、すごいこと、変《か》わったこと。

七曜《しちよう》たちの放《はな》った三重霊子崩壊《トリニティディスインテグレーション》を、リムルは究極能力《アルティメットスキル》「誓約之王《ウリエル》」の「絶対防御《ぜったいぼうぎょ》」で防《ふせ》ぎました。

せ

先《せん》手《て》必《ひっ》勝《しょう》

意味《いみ》

相手《あいて》よりも先《さき》に攻撃《こうげき》をすればかならず勝《か》てるということ。

10巻《かん》／第《だい》47話《わ》

新任教師《しんにんきょうし》としてやってきたリムルに対《たい》し、生徒《せいと》のケンヤはいきなり切《き》りかかりました。

6巻《かん》／第《だい》31話《わ》

前《ぜん》途《と》多《た》難《なん》

意味《いみ》

これからたくさんの困難《こんなん》が待《ま》っていそうだと考《かんが》えること。

「前途《ぜんと》」は将来《しょうらい》のことだよ。

いきなりやってきた魔王《まおう》ミリムと友《とも》だちになったリムル。強大《きょうだい》な力《ちから》をもつミリムの滞在《たいざい》に、リムルは不安《ふあん》をおぼえるのでした。

せ

千《せん》変《ぺん》万《ばん》化《か》

意味《いみ》

いろいろな状《じょう》態《たい》に変化《へんか》すること。

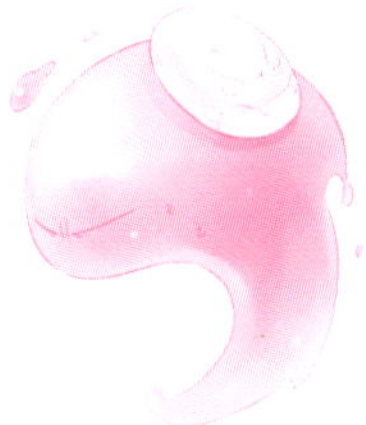

自分《じぶん》の身《み》に備《そな》わっている能力《スキル》のおかげで、リムルはいろいろな姿《すがた》に自分《じぶん》の体《からだ》を変化《へんか》させることができるようになりました。

1巻《かん》／第《だい》2話《わ》

擬態《ぎたい》ね…こんなカンジか?
ぷるんっ
まぁ 一応《いちおう》やってみるか
「擬態《ぎたい》」嵐蛇《テンペストサーペント》
もももも
サァァァ

相《そう》思《し》相《そう》愛《あい》

お前《まえ》が好《す》きだ ミュウラン
惚《ほ》れた相手《あいて》を守《まも》りたいってのは自然《しぜん》な感情《かんじょう》だろ
安心《あんしん》しろ ミュウラン
俺《おれ》は死《し》ぬまで お前《まえ》に騙《だま》されてやる

意味《いみ》

おたがいに愛《あい》し合《あ》っていること。

12巻《かん》／第《だい》58話《わ》

13巻《かん》／第《だい》61話《わ》

…大切《たいせつ》な人《ひと》を守《まも》りたかっただけよ
あなたの告白《こくはく》にまだ応《こた》えてなかったわね
私《わたし》 せっかく自由《じゆう》になれたけど
人間《にんげん》の短《みじか》い一生分《いっしょうぶん》くらいなら束縛《そくばく》されてもいいと思《おも》っているわ

敵《てき》のスパイだと知《し》ってなお好《す》きだと告白《こくはく》してくれたヨウムに対《たい》し、ミュウランは自分《じぶん》の思《おも》いを伝《つた》えました。

大《たい》言《げん》壮《そう》語《ご》

意《い》味《み》

実際《じっさい》には自分《じぶん》にできそうもないことをできると、大《おお》きな口《くち》をたたくこと。

「大言《たいげん》」は大《おお》げさないい方《かた》、「壮語《そうご》」は威勢《いせい》のいいことば、という意味《いみ》だよ。

3巻《かん》／第《だい》16話《わ》

部下《ぶか》たちにおだてられたガビルは、その場《ば》の勢《いきお》いだけでとんでもないことをいってしまいました。

じゃあ…？
うむ
オークの軍勢《ぐんぜい》の撃退《げきたい》をもって
リザードマンの首領《しゅりょう》の座《ざ》を受《う》け継《つ》ぐこととしよう
ポリポリ

小僧共《こぞうども》が
何《なに》を考《かんが》えようが
朕《ちん》に仇《あだ》をなせる訳《わけ》もなし

た

23巻《かん》／第《だい》102話《わ》

泰《たい》然《ぜん》自《じ》若《じゃく》

意味《いみ》

とても落《お》ち着《つ》いていて、動《どう》じないこと。

「泰然《たいぜん》」も「自若《じじゃく》」も、どちらも「落《お》ち着《つ》いていて、どんなことにもあわてない」という意味《いみ》のことばだよ。

魔導王朝《まどうおうちょう》サリオンの皇帝《こうてい》エルメシアが国《くに》を不在《ふざい》にすることで、国内《こくない》でなにか不穏《ふおん》なことが起《お》こるのではと臣下《しんか》のエラルドは心配《しんぱい》しましたが、何千年《なんぜんねん》も生《い》きるエルメシア本《ほん》人《にん》はまったく意《い》に介《かい》していませんでした。

8巻《かん》／第《だい》38話《わ》

大《だい》胆《たん》不《ふ》敵《てき》

意味《いみ》

度胸《どきょう》があって、おそれを知《し》らないこと。

災厄級魔物《カラミティモンスター》である暴風大妖渦《カリュブディス》がおそってきましたが、魔王《まおう》ミリムにとってはまったく敵《てき》ではありませんでした。

た

他《た》力《りき》本《ほん》願《がん》

意味《いみ》

ほかの人《ひと》の力《ちから》で自分《じぶん》の望《のぞ》みをかなえようとすること。

仏教《ぶっきょう》のことばで、もともとは「仏《ほとけ》さまの力《ちから》にたよって極楽《ごくらく》に行《い》くことを願《ねが》う」という意味《いみ》だよ。

た

地下迷宮《ダンジョン》に挑《いど》んだ勇者《ゆうしゃ》マサユキと仲間《なかま》たちですが、活躍《かつやく》しているのは仲間《なかま》たちばかりのようです。

26巻《かん》／第《だい》117話《わ》

エレン達《たち》と違《ちが》って落《お》とし穴《あな》の位置《いち》は知《し》らないはずだ
しかし 的確《てきかく》に踏《ふ》みぬいて ここまで来《き》たとなると
ドドドドドド
マサユキ様 結界のうしろに!
ううん
これもマサユキの〝英雄覇道《エラバレシモノ》〟の効果《こうか》なのだろう
それにしても仲間《なかま》の活躍《かつやく》が見事《みごと》だ
マサユキは 全《まった》く戦《たたか》ってないけど

ち

丁《ちょう》丁《ちょう》発《はっ》止《し》

待《ま》たせたわね それでは法皇両翼合同会議《ほうおうりょうよくごうどうかいぎ》を始《はじ》めましょう
議題《ぎだい》は暴風竜《ぼうふうりゅう》の復活《ふっかつ》 そして――
新《あら》たな魔王《まおう》の誕生《たんじょう》について

20巻《かん》／第《だい》89話《わ》

意味《いみ》

はげしく議論《ぎろん》すること。

聖騎士団《クルセイダーズ》と法皇直属近衛師団《ルークジーニアス》は、新《あら》たに誕生《たんじょう》した魔王《まおう》リムルへの対処《しょ》について話《はな》し合《あ》いました。

「刀《かたな》ではげしく打《う》ち合《あ》う」という意味《いみ》もあって、「丁丁《ちょうちょう》」も「発止《はっし》」も、打《う》ち合《あ》うときの音《おと》をあらわしているよ。

ゴブタ君《くん》…前《まえ》に俺《おれ》が言《い》ったルールの3つ目《め》覚《おぼ》えているかね？
びしぃ!!
はいっす！「人間《にんげん》を襲《おそ》わない」！

うむ では少《すこ》し目《め》を瞑《つむ》り耳《みみ》を塞《ふさ》いでおくんだ
？よく わかんないっすが了解《りょうかい》っす！
おい！ 雑魚《ざこ》い魔物《まもの》のくせにこっち無視《むし》してんじゃねーよ！
雑魚《ざこ》？
ぴく。
それは俺《おれ》のことか？

ち

朝《ちょう》令《れい》暮《ぼ》改《かい》

意味《いみ》

命令《めいれい》やルールがころころ変《か》わること。

「朝出《あさだ》した命令《めいれい》が、夕方《ゆうがた》には変《か》わる」という意味《いみ》だよ。

「人間《にんげん》を襲《おそ》わない」というルールを決《き》めて村《むら》の仲間《なかま》たちに守《まも》らせていたリムルですが、さっそく自分《じぶん》はそのルールにそむく行動《こうどう》をしました。

どうだ？ これが真《しん》の姿《すがた》(ウソ)だ
「擬態《ぎたい》」
黒嵐星狼《テンペストスターウルフ》

お前《まえ》ら
いい加減《かげん》にしろ!!
ダメージなくてもウザイわっ
ウオ

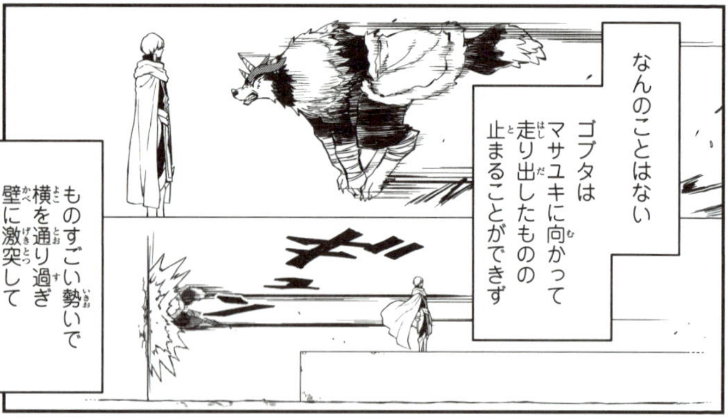
なんのことはない
ゴブタは マサユキに向《む》かって 走《はし》り出《だ》したものの 止《と》まることができず
ものすごい勢《いきお》いで 横《よこ》を通《とお》り過《す》ぎ 壁《かべ》に激突《げきとつ》して しまったのだ

26巻《かん》／第《だい》115話《わ》

猪《ちょ》突《とつ》猛《もう》進《しん》

意味《いみ》

なにかひとつのことに向《む》かって突《つ》き進《すす》むこと。

すごい勢《いきお》いで取《と》り組《く》む様子《ようす》を、イノシシの突進《とっしん》にたとえたことばだよ。

勇者《ゆうしゃ》マサユキと戦《たたか》ったゴブタとランがですが、勢《いきお》いあまって壁《かべ》に激突《げきとつ》し、自滅《じめつ》してしまいました。

適《てき》材《ざい》適《てき》所《しょ》

意味《いみ》

それぞれの人《ひと》の能力《のうりょく》に合《あ》った仕事《しごと》や役割《やくわり》を与《あた》えること。

3巻《かん》／第《だい》12話《わ》

ゴブリンたちを統率《とうそつ》することになったリムルは、それぞれが自分自身《じぶんじしん》の能力《のうりょく》を発揮《はっき》できる役職《やくしょく》を与《あた》えました。

その名《な》も ルグルド レグルド ログルド
この三名《めい》がそれぞれ 司法《しほう》 立法《りっぽう》 行政《ぎょうせい》を 司《つかさど》る長官《ちょうかん》となり

紅一点《こういってん》のリリナは 生産物《せいさんぶつ》の 管理大臣《かんりだいじん》だ

電《でん》光《こう》石《せっ》火《か》

意味《いみ》

動《うご》きがとてもすばやいこと。

「電光《でんこう》」は稲光《いなびかり》、「石火《せっか》」は火打《ひう》ち石《いし》をつかったときに出《で》る火花《ひばな》のことだよ。

3巻《かん》／第《だい》17話《わ》

リムルたちのところにやってきた蜥蜴人族《リザードマン》のガビルと戦《たたか》うことになったゴブタは、あっという間《ま》にガビルを倒《たお》してしまいました。

!?
ザワ
馬鹿《ばか》なっ 消《き》え…
ゴキャ
とう

ワタシは魔王《まおう》ミリム・ナーヴァだぞ
お前《まえ》がこの町《まち》で一番《いちばん》強《つよ》そうだったから
挨拶《あいさつ》にきてやったのだ！

天《てん》真《しん》爛《らん》漫《まん》

6巻《かん》／第《だい》30話《わ》

意味《いみ》

明《あか》るくて無邪気《むじゃき》な様子《ようす》。

「天真《てんしん》」は生《う》まれつきの純粋《じゅんすい》さ、「爛漫《らんまん》」はありのままにかがやきがあらわれる様子《ようす》を意味《いみ》しているよ。

いきなりリムルたちのところにやってきた魔王《まおう》ミリムは、ほんとうにただただあいさつに来《き》ただけのようです。

「天災級《カタストロフ》」と呼《よ》ばれる階級《かいきゅう》です
文字《もじ》通《どお》りの天災《てんさい》です
怒《おこ》らせたのなら世界《せかい》の崩壊《ほうかい》を覚悟《かくご》すべきでしょう
うへぇぇ

6巻《かん》／第《だい》29話《わ》

例《たと》えば暴風竜《ぼうふうりゅう》ヴェルドラ
あいつかよ!
一気に怖くなくなったな

天《てん》変《ぺん》地《ち》異《い》

意味《いみ》

いろいろな自然災害《しぜんさいがい》や、異変《いへん》のこと。

「天変《てんぺん》」は日食《にっしょく》・隕石《いんせき》・彗星《すいせい》・暴風雨《ぼうふうう》など、「地異《ちい》」は地震《じしん》・津波《つなみ》・火山《かざん》の噴火《ふんか》などを意味《いみ》するよ。

リムルは、自分《じぶん》が取《と》り込《こ》んだヴェルドラが天災級《カタストロフ》の存在《そんざい》だと初《はじ》めて知《し》りました。

当意即妙《とういそくみょう》

意味《いみ》

すばやくその場《ば》に合《あ》った対《たい》応《おう》をすること。

16巻《かん》／第《だい》72話《わ》

魔王《まおう》クレイマンについてリムルに報告《ほうこく》しようとしたソウエイですが、場《ば》の空気《くうき》を察《さっ》してリムルに耳打《みみう》ちしました。

ソウエイ
クレイマンの動向《どうこう》ですが…
ワイワイ
ガヤガヤ
格好いいです ヴェルドラ様
わぁ
あ
あぁ
察し
なにか大変《たいへん》なことがあったらしい
後《あと》にした方《ほう》がよろしいでしょうか?
いや むしろ この恥《は》ずかしい空気《くうき》を変《か》えたい
調査結果《ちょうさけっか》は会議室《かいぎしつ》で聞《き》こう

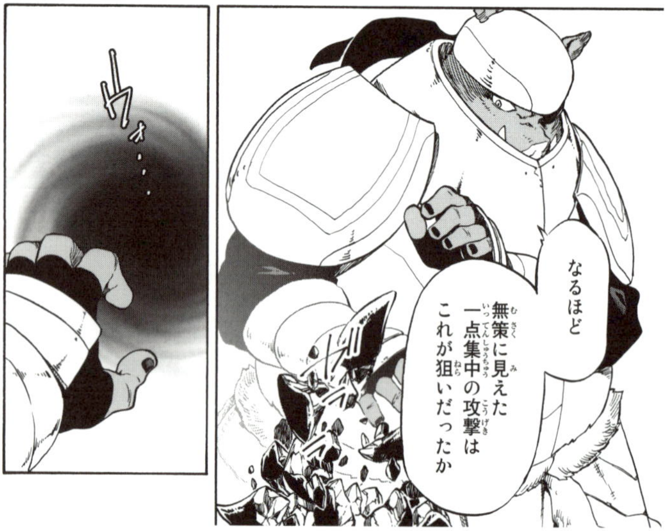
なるほど
無策《むさく》に見《み》えた
一点集中《いってんしゅうちゅう》の攻撃《こうげき》は
これが狙《ねら》いだったか

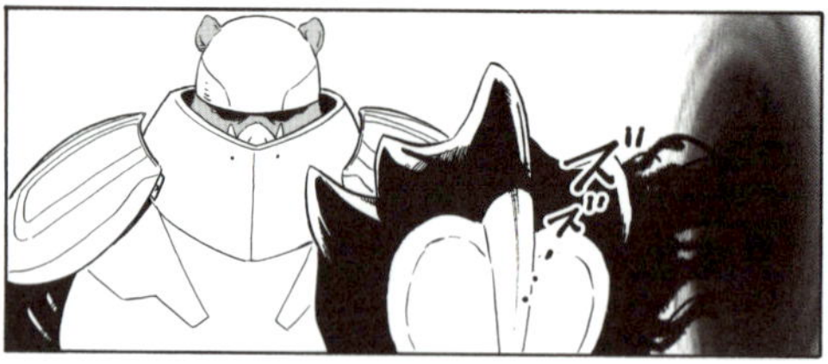

14巻《かん》／第《だい》64話《わ》

難《なん》攻《こう》不《ふ》落《らく》

意味《いみ》

守《まも》りがかたくて、なかなか攻《せ》め落《お》とせないこと。また、相手《あいて》がなかなかOKしてくれないこと。

リムルの部下《ぶか》ゲルドは固《かた》い鎧《よろい》と盾《たて》でしっかり相手《あいて》の攻撃《こうげき》をガードするスタイル。盾《たて》が壊《こわ》されても、すぐに代《か》わりの盾《たて》を取《と》り出《だ》します。

日《にっ》進《しん》月《げっ》歩《ぽ》

意味《いみ》

ものごとの進歩《しんぽ》がとてもはやいこと。

5巻《かん》／第《だい》27話《わ》

豚頭族《オーク》たちも仲間《なかま》に加《くわ》わったことでリムルたちの町《まち》はどんどん大《おお》きくなり、めざましい勢《いきお》いで環境《かんきょう》も整備《せいび》されました。

さすがに各家庭《かくかてい》に水道《すいどう》を引《ひ》く余裕《よゆう》はなかったので
ガコン
各所《かくしょ》に汲《く》み上《あ》げ式《しき》の井戸《いど》を設置《せっち》した
ジャバ〜〜
おぉ〜
これを利用《りよう》してトイレは水洗《すいせん》だ
この容器《ようき》に水《みず》を入《い》れるっす

に

は

破《は》顔《がん》一《いっ》笑《しょう》

16巻《かん》／第《だい》71話《わ》

ヴェルドラを復活《ふっかつ》させるとき、リムルはヴェルドラに妖気《オーラ》を抑《おさ》えてほしいとお願《ねが》いし、承諾《しょうだく》をもらってほほえみました。

意味《いみ》

にっこりほほえむこと。

「破顔《はがん》」は表情《ひょうじょう》がやわらぐこと、「一笑《いっしょう》」はちょっと笑《わら》うこと。大《おお》笑《わら》いすることではないよ。

…なるほど わかったぞ 約束《やくそく》しよう
よし ありがとな
リムルよ
お前《まえ》は本当《ほんとう》に 王《おう》になったんだな

八《はち》面《めん》六《ろっ》臂《ぴ》

さすが…
自由組合総帥《グランドマスター》の顔《かお》と
ひん曲《ま》がった野望《やぼう》を
同居《どうきょ》させとる変人《へんじん》
ユウキ・
カグラザカ殿《どの》や

16巻《かん》／第《だい》73話《わ》

冒険者《ぼうけんしゃ》たちの自由組合《ギルド》の総帥《そうすい》を務《つと》めながら、じつは、中庸道化連《ちゅうようどうけれん》という正体不明《しょうたいふめい》の組織《そしき》のリーダーでもあるユウキはいろいろな方面《ほうめん》で暗躍《あんやく》しているようです。

意味《いみ》

いろいろなところで活躍《かつやく》すること。

「面《めん》」は顔《かお》、「臂《ひ》」はひじや腕《うで》のこと。8つの顔《かお》と6本《ぼん》の腕《うで》がある姿《すがた》を指《さ》していたんだ。

あ…
あなたは…誰《だれ》？
人型《ひとがた》のリムル様《さま》の姿《すがた》をしているけれど雰囲気《ふんいき》が別人《べつじん》だわ
まさか魔王化《まおうか》で人格《じんかく》に変化《へんか》が？
あなたは魔王《まおう》リムルなの？

15巻《かん》／第《だい》68話《わ》

半《はん》信《しん》半《はん》疑《ぎ》

意味《いみ》

ほんとうのことか、ウソか、迷《まよ》うこと。

魔王《まおう》になって雰囲気《ふんいき》がまったく変《か》わってしまったリムルを見《み》て、ミュウランはリムルの人格《じんかく》が変《か》わってしまったのではないかとうたがいました。

美《び》辞《じ》麗《れい》句《く》

意味《いみ》

いい意味《いみ》に聞《き》こえるけれど、中身《なかみ》がなくてウソっぽいことば。

「辞《じ》」にはことばという意味《いみ》があるよ。

4巻《かん》／第《だい》18話《わ》

ラプラスは自信満々《じしんまんまん》のガビルをおだてました。

ひ

秘《ひ》中《ちゅう》之《の》秘《ひ》

意味《いみ》

とてもだいじな秘密《ひみつ》のこと。

魔王達の宴《ワルプルギス》でも代理人《だいりにん》を立《た》てて正体《しょうたい》を隠《かく》していたルミナスですが、空気《くうき》を読《よ》めないヴェルドラのせいで魔王《まおう》であることがバレてしまいました。

ひ

19巻《かん》／第《だい》85話《わ》

私《わたし》に話《はな》しておいでですか？
私《わたし》は魔王《まおう》ヴァレンタイン様《さま》の侍女《じじょ》にすぎませんが
ん？
おい駄目《だめ》だぞヴェルドラよ
バレンタインは正体《しょうたい》を隠《かく》しているのだ
今《いま》の魔王《まおう》が代理《だいり》なのは内緒《ないしょ》なのだぞ？
ヒソ
ヒソ
ヒソ
ヒソ
なにぃ!?
内緒話《ないしょばなし》でけぇ

ひ

百戦錬磨《ひゃくせんれんま》

意味《いみ》

たくさんの経験《けいけん》を重《かさ》ねて、きたえられていること。

21巻《かん》／第《だい》93話《わ》

ヒナタと相対《あいたい》したリムルは、ヒナタの卓越《たくえつ》した技量《レベル》を警戒《けいかい》しました。

身体能力《しんたいのうりょく》は俺《おれ》の方《ほう》が上《うえ》だが
技量《レベル》は完全《かんぜん》にヒナタに軍配《ぐんばい》が上《あ》がる
さすがシズさんの弟子《でし》だな…
これがヒナタ・サカグチ
人類最強《じんるいさいきょう》の守護者《しゅごしゃ》ってことか

ヴォ
下位悪魔《レッサーデーモン》…！

疲《ひ》労《ろう》困《こん》憊《ぱい》

意味《いみ》

つかれ切《き》っていること。

10巻《かん》／第《だい》44話《わ》

涙目《なみだめ》っていうか白目《しろめ》じゃん！
はー…
はー…

自由組合《ギルド》の討伐部門《とうばつぶもん》の試験官《しけんかん》ジーギスは下級悪魔《レッサーデーモン》をよび出《だ》しましたが、魔法《まほう》の使《つか》いすぎで精神力《せいしんりょく》がつきかけています。

ひ

不《ふ》倶《ぐ》戴《たい》天《てん》

17巻《かん》／第《だい》78話《わ》

意《い》味《み》

うらみや怒《いか》りの深《ふか》いこと。

「倶《とも》に天《てん》を戴《いただ》かず」という読《よ》み方《かた》もして、同《おな》じ天《てん》の下《した》には生《い》きられないという意《い》味《み》だよ。

運命《うんめい》の人《ひと》であるシズの死《し》に関係《かんけい》している魔王《まおう》レオンと対面《たいめん》を果《は》たしたリムルは、敵愾心《てきがいしん》をあらわにしました。

俺《おれ》の姿《すがた》を見《み》て何《なに》も思《おも》わないようならこの場《ば》で殴《なぐ》っているところだった
シズさんは死《し》んだぞ レオン
…知《し》っているさ
だが殴《なぐ》られる謂《いわ》れはないな

ふ

22巻《かん》／第《だい》99話《わ》

平《へい》身《しん》低《てい》頭《とう》

意味《いみ》

とてもかしこまり、ひたすらあやまること。

魔物《まもの》たちを敵対視《てきたいし》して攻撃《こうげき》してきた聖騎士団《クルセイダーズ》は、彼《かれ》らに許《ゆる》しを与《あた》えたリムルに対《たい》し、謝《しゃ》罪《ざい》の気《き》もちを伝《つた》えました。

暴《ぼう》飲《いん》暴《ぼう》食《しょく》

意味《いみ》

食《た》べすぎたり、飲《の》みすぎたりすること。

4巻《かん》／第《だい》18話《わ》

ほ

世《よ》に混乱《こんらん》をもたらす
災厄《さいやく》の魔物《まもの》
豚頭帝《オークロード》
…ハラ
ヘッタ…
彼《か》の者《もの》が
生《う》まれながらに持《も》つ
スキルは
その支配下《しはいか》にある
全《すべ》ての者《もの》に
影響《えいきょう》を及《およ》ぼす
――ユニークスキル『飢餓者《ウエルモノ》』――

飢餓《きが》によって、おそろしいユニークスキルをもつ豚頭帝《オークロード》が生《う》まれました。

獣人《じゅうじん》全体《ぜんたい》としても
俺個人《おれこじん》としても
リムル様《さま》には返《かえ》しきれぬ恩《おん》を得《え》た

避難民《ひなんみん》を受《う》け入《い》れてくれた恩《おん》は忘《わす》れねぇ
オレ達《たち》はアンタを信頼《しんらい》している

報《ほう》恩《おん》謝《しゃ》徳《とく》

16巻《かん》／第《だい》71話《わ》

意味《いみ》

受《う》けた親切《しんせつ》や恩《おん》に、感謝《かんしゃ》の気《き》持ちをもって報《むく》いること。

かつてリムルに助《たす》けてもらった獣人《じゅうじん》たちは、魔王《まおう》クレイマンと対決《たいけつ》することを決《き》めたリムルに協力《きょうりょく》を申《もう》し出《で》ました。

ほ

ミリム・ナーヴァだ 今日《きょう》からここに 住《す》むことになった
よろしくな!
!?
ぎょッ

おい待《ま》て そりゃどういう 意味《いみ》だ!?
そのままの意味《いみ》 だぞ? ワタシも ここに住《す》むことに したのだ

6巻《かん》/第《だい》31話《わ》

傍《ぼう》若《じゃく》無《ぶ》人《じん》

意味《いみ》

まわりのことを気《き》にせず、自分勝手《じぶんかって》にふるまうこと。

「傍《かたわ》らに人無《ひとな》きが若《ごと》し」という読《よ》み方《かた》もするよ。

魔国連邦《テンペスト》に遊《あそ》びに来《き》た魔王《まおう》ミリムは、リムルに相談《そうだん》もせず、勝手《かって》にそこに住《す》むことを決《き》めてしまいました。

しかし
彼《かれ》が何《なに》か？
リムル殿《どの》からの招待状《しょうたいじょう》に関係《かんけい》があるとは思《おも》えないのですが
ふふ
なんだ 本当《ほんとう》に知《し》らないんだ
前《まえ》にエリューン※ちゃんがお土産《みやげ》に買《か》ってきてくれたんだけどね
貴方《あなた》は貰《もら》わなかったのね
な
なんですと————!!
※エレンの本名《ほんみょう》

23巻《かん》／第《だい》102話《わ》

満《まん》身《しん》創《そう》痍《い》

意味《いみ》

全身《ぜんしん》キズだらけなこと。あるいは、ひどくいためつけられていること。

「創《そう》」も「痍《い》」も、どちらもキズのことだよ。

娘《むすめ》であるエリューン（エレン）とぜんぜん深《ふか》い会話《かいわ》ができていなかったことに気《き》づかされたエラルドは、精神的《せいしんてき》に大《だい》ダメージを受《う》けました。

実際《じっさい》 定期的《ていきてき》な お茶会《ちゃかい》には参加《さんか》して くれているもの
え…知らね…っ
!!
……ねぇ貴方《あなた》 本当《ほんとう》に切《き》れ者《もの》なの?
面目《めんぼく》ございません…
まぁいいわ
貴方《あなた》が愛娘可愛《まなむすめかわい》さに 吉田氏《よしだし》を魔国《テンペスト》に 手引《てび》きしたのかと 疑《うたが》ったのだけど
どうやら エリューンちゃんと お菓子《かし》の話《はなし》もしたこと ないみたいだし
ピピピッ
チチチ…
――して 陛下《へいか》 話《はなし》を戻《もど》しますが リムル殿《どの》への返答《へんとう》は 如何致《いかがいた》しますか?
貴方《あなた》 既《すで》に 満身創痍《まんしんそうい》だけど 大丈夫《だいじょうぶ》?

ドワーフ王国《おうこく》に置《お》いて行《い》かれそうになった時《とき》
怖《こわ》い兵士達《へいしたち》に囲《かこ》まれたゴブタの頭《あたま》の中《なか》は一《ひと》つの願《ねが》いで満《み》たされた
つまり——
この場《ば》から逃《に》げたい!!

2巻《かん》／第《だい》8話《わ》

無《む》我《が》夢《む》中《ちゅう》

意味《いみ》

なにかに心《こころ》をうばわれて、我《われ》を忘《わす》れること。

「無我《むが》」は仏教《ぶっきょう》のことばで、自分《じぶん》にとらわれる心《こころ》から解放《かいほう》されることだよ。

リムルに忘《わす》れられてドワーフ王国《おうこく》に置《お》き去《ざ》りにされそうになったゴブタは「逃《に》げたい」という一心《いっしん》だけですごい技《わざ》を習得《しゅうとく》しました。

無《む》病《びょう》息《そく》災《さい》

意味《いみ》

病気《びょうき》をしたりせず、健康《けんこう》で元気《げんき》なこと。

「息《そく》」はやめる、防《ふせ》ぐという意味《いみ》があるよ。

2巻《かん》／第《だい》7話《わ》

裁判《さいばん》によってかつて部下《ぶか》だったカイジンをさばくことになったドワーフの王《おう》ガゼルは、まずカイジンに最近《さいきん》の様子《ようす》をたずねました。

む

久《ひさ》しいな 息災《そくさい》か？
は！
王《おう》におかれましても ご健勝《けんしょう》そうで何《なに》よりでございます
よい それよりも 戻《もど》ってくる気《き》は あるか？
あわわわ

明《めい》鏡《きょう》止《し》水《すい》

15巻《かん》／第《だい》68話《わ》

め

意《い》味《み》

心《こころ》が澄《す》み切《き》っていて、落《お》ち着《つ》いていること。

「明鏡《めいきょう》」はくもりのない鏡《かがみ》、「止水《しすい》」は波《なみ》だたず静《しず》かな水《みず》のことだよ。

リムルの魔王への進化《ハーベストフェスティバル》が終《お》わったとき、リムルの表《ひょう》情《じょう》は澄《す》み切《き》っていました。

滅《めっ》私《し》奉《ほう》公《こう》

意味《いみ》

自分《じぶん》のことを考《かんが》えず、主人《しゅじん》や世《よ》のなかのために尽《つ》くすこと。

当初《とうしょ》からリムルとともにあったユニークスキル「大賢者《エイチアルモノ》」が究極能力《アルティメットスキル》「智慧之王《ラファエル》」に進《しん》化《か》し、自我《じが》をもっているのではとリムルは考《かんが》えました。

22巻《かん》／第《だい》98話《わ》

……俺《おれ》には勿体《もったい》なさすぎる超絶能力《ちょうぜつのうりょく》だ
否《いな》。私《わたし》は主様《マスター》の為《ため》だけに存在《そんざい》しております。

23巻《かん》／第《だい》102話《わ》

め

面《めん》従《じゅう》腹《ふく》背《はい》

意味《いみ》

えらい人《ひと》に従《したが》うフリだけして、心《こころ》のなかでは従《したが》わないこと。

貴族《きぞく》からのムチャな要求《ようきゅう》に笑顔《えがお》で対応《たいおう》する商人《しょうにん》のミョルマイルですが、心《こころ》のなかではうっとうしく思《おも》っていました。

問答無用《もんどうむよう》

竜《りゅう》を祀《まつ》る民《たみ》と戦《たたか》うことになったガビルとスフィア。じつは彼《かれ》らと気《き》が合《あ》いそうだと思《おも》いつつも、敵《てき》であるために戦《たたか》いを続行《ぞっこう》しました。

18巻《かん》／第《だい》80話《わ》

真《しん》の強《つよ》さとは目《め》に見《み》えぬもの
技量《レベル》こそが唯一無二《ゆいいつむに》の確《たし》かなる指標《しひょう》よ
人間《にんげん》であろうと魔人《まじん》であろうとな
……なるほどな 勉強《べんきょう》になったぜ
つまりオレはもっと強《つよ》くなれるってことだ

意味《いみ》

話《はな》し合《あ》っても仕方《しかた》がない、ということ。

も

そうとも 実《じっ》に将来有望《しょうらいゆうぼう》
さて 中々《なかなか》に気《き》の合《あ》う相手《あいて》とわかったものの
ここは戦場《せんじょう》でワシらとお主《ぬし》らはとりあえず敵同士《てきどうし》
どうするね？
決《き》まってるだろ
続《つづ》きだ

も

夜《や》郎《ろう》自《じ》大《だい》

意《い》味《み》

自分《じぶん》の力《ちから》のほどを知《し》らずにいばること。

むかしの中国《ちゅうごく》で、夜郎《やろう》という国《くに》の王《おう》さまが、漢《かん》という国《くに》がどれほど大《おお》きく強《つよ》いのかを知《し》らずに「我《わ》が国《くに》と漢《かん》はどちらが大《おお》きいか」と質問《しつもん》したというお話《はなし》が由来《ゆらい》だよ。「野郎自大《やろうじだい》」と書《か》くのはまちがいだよ。

24巻《かん》／第《だい》106話《わ》

と思《おも》ったら やっぱり こういうのが来《き》た
いいや 違《ちが》うね 我《われ》ら馬頭族《メズ》と組《く》むがいい
おう 魔王様《まおうさま》よ 戦《いくさ》の役《やく》に立《た》つなら 俺達《おれたち》 牛頭族《ゴズ》の方《ほう》だぜ？
そこの牛頭族《ゴズ》だけでなく 逆《さか》らう魔物《まもの》は皆殺《みなごろ》しにしてみせるぞ！
血気盛《けっきさか》んで これぞ魔物《まもの》

魔王《まおう》になったリムルのところに、ジュラの大森林《だいしんりん》に住《す》む牛頭族《ゴズ》と馬頭族《メズ》があいさつに来《き》ましたが、なんだかえらそうな態度《たいど》です。

ハッタリで なんとか しのげないか?
弱《よわ》い犬《いぬ》ほど よく 吠《ほ》えるってね
君《きみ》こそ いいのかい? この俺《おれ》に喧嘩《けんか》を 売《う》るなんて
万《まん》が一《いち》 この大見得《おおみえ》を 信《しん》じてくれたら 儲《もう》けものだし
駄目《だめ》なら 良《よ》くて大怪我《おおけが》だけど
なにぃ?
ゴゴゴゴゴ
あ 駄目《だめ》ですね はい

24巻《かん》／第《だい》107話《わ》

勇《ゆう》猛《もう》果《か》敢《かん》

意《い》味《み》

いさましくて、決断力《けつだんりょく》があること。

異世界《いせかい》にやってきたばかりのマサユキは、チンピラにからまれてハッタリをかましました。

ゆ

やっぱり自宅《じたく》は最高《さいこう》だね
棟梁《とうりょう》のゴブキュウが捕《つか》まるまで少《すこ》しくつろぐか
――主《あるじ》
我《わ》が主《あるじ》よ！

23巻《かん》／第《だい》103話《わ》

悠《ゆう》悠《ゆう》自《じ》適《てき》

意味《いみ》

のんびりとすごすこと。

「悠悠《ゆうゆう》」はゆったり落《お》ち着《つ》いている様子《ようす》、「自適《じてき》」は自分《じぶん》の思《おも》いどおりに楽《たの》しむことだよ。

自分《じぶん》の魔王就任《まおうしゅうにん》のお祭《まつ》りの準備《じゅんび》もあらかたほかの人《ひと》に任《まか》せ終《お》わり、リムルは自宅《じたく》でゆっくりくつろごうとしました。

油断大敵《ゆだんたいてき》

意味《いみ》

注意《ちゅうい》をおこたると失敗《しっぱい》するから、気《き》をつけないといけないといういましめ。

「油断《ゆだん》」は、注意《ちゅうい》をするべきときに気《き》がゆるんでいることだよ。

魔王《まおう》ミリムをすっかり操《あやつ》れていると思《おも》っている魔王《まおう》クレイマンに、仲間《なかま》のラプラスは忠告《ちゅうこく》をしました。

魔王《まおう》ミリムの支配《しはい》を過信《かしん》せん方《ほう》がええ
あれはカザリーム会長《かいちょう》よりも昔《むかし》からおる
太古《たいこ》の魔王《まおう》の一柱《ひとり》なんや

17巻《かん》／第《だい》75話《わ》

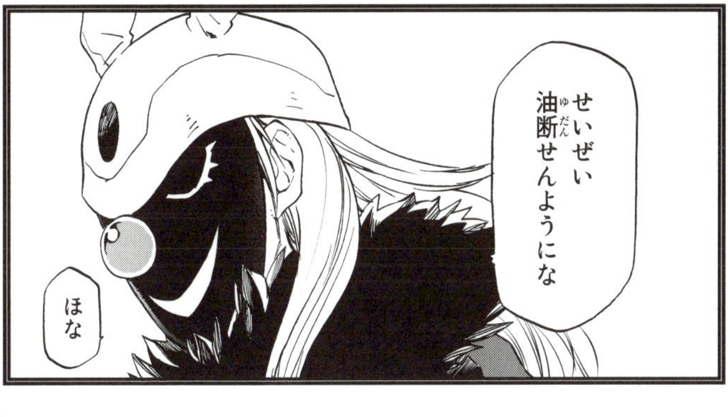
せいぜい油断《ゆだん》せんようにな
ほな

余《よ》裕《ゆう》綽《しゃく》綽《しゃく》

よ

14巻《かん》／第《だい》67話《わ》

意《い》味《み》

まったくあせらず、落《お》ち着《つ》いている様子《ようす》。

「綽綽《しゃくしゃく》」はゆったりとした様子《ようす》のことだよ。

魔術師《まじゅつし》ラーゼンがよび出《だ》した精霊《せいれい》を、リムルがよび出《だ》した悪魔《あくま》（ディアブロ）はかんたんに倒《たお》しました。

乱《らん》暴《ぼう》狼《ろう》藉《ぜき》

是《ぜ》。
敵意《てきい》ある者達《ものたち》です。

24巻《かん》／第《だい》106話《わ》

倒《たお》れているのは紫克衆《ヨミガエリ》に警備兵《けいびへい》…
いずれも気絶《きぜつ》しているだけで死者《ししゃ》はいない

ら

意味《いみ》

やりたい放題《ほうだい》にあばれまわったりすること。

魔王《まおう》リムルの謁見式《えっけんしき》にいきなりやってきた魔王《まおう》ダグリュールの息子《むすこ》たちは、人々《ひとびと》に乱暴《らんぼう》なふるまいをしました。

「狼藉《ろうぜき》」はオオカミが寝《ね》るときに草《くさ》を踏《ふ》み荒《あ》らす様子《ようす》をあらわすことばだよ。

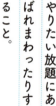

流《りゅう》言《げん》蜚《ひ》語《ご》

意味《いみ》

根拠《こんきょ》のないうわさ、デマのこと。

「流言《りゅうげん》」も「蜚語《ひご》」もうわさばなしのこと。「蜚《ひ》」は飛《と》ぶという意味《いみ》で、「流言《りゅうげん》飛語《ひご》」とも書《か》くよ。

り

「悪魔《あくま》によってレイヒム大司教《だいしきょう》が殺害《さつがい》された」というウソのうわさが、ファルムス王国《おうこく》で広《ひろ》まっていました。

20巻《かん》／第《だい》91話《わ》

ですがラーゼンからの報告《ほうこく》では――
「悪魔《あくま》の謀略《ぼうりゃく》によって大司教《だいしきょう》が殺害《さつがい》された」という伝聞《でんぶん》が
魔法通信《まほうつうしん》によって拡散《かくさん》されています

理《り》路《ろ》整《せい》然《ぜん》

意味《いみ》

文章《ぶんしょう》やことばが、論理《ろんり》立《だ》っていること。

いつもとはうってかわって、とても合理的《ごうりてき》な発言《はつげん》をするシオンにリムルは驚《おどろ》きました。

25巻《かん》／第《だい》112話《わ》

り

だってリムル様《さま》の構想《こうそう》ではサリオン ブルムンド ドワルゴン ファルメナス
そしてミリム様《さま》の魔王領《まおうりょう》
これらの国々《くにぐに》で共栄圏《きょうえいけん》を作《つく》り上《あ》げるのですよね？
その中心《ちゅうしん》に魔国連邦《テンペスト》を置《お》く以上《いじょう》我々《われわれ》と敵対《てきたい》する方《ほう》が損失《そんしつ》が大《おお》きくなるのでは？
ココイツ本当《ほんとう》にシオンか!?
クフフフフ さすがは第《だい》一秘書殿《ひしょどの》 貴女《あなた》の考《かんが》えは正《ただ》しい

り

冷酷無情《れいこくむじょう》

意味《いみ》

思《おも》いやりがなく、むごいこと。

18巻《かん》／第《だい》82話《わ》

なぜ…
貴様《きさま》は敵国《てきこく》を殲滅《せんめつ》するために喚《よ》び出《だ》されたはず…!
なぜ 我《わ》が国《くに》まで……っ!?
対価《たいか》だよ

原初《げんしょ》の悪魔《あくま》であり、最初《さいしょ》の〝真《しん》なる魔王《まおう》〟でもあるギィ・クリムゾンは、召喚主《マスター》の国《くに》をもほろぼしました。

れ

ソウエイ
は
速《すみ》やかにクレイマンの情報《じょうほう》を集《あつ》めて参《まい》ります
おおう
何も言う前に…
さすがソウエイ仕事《しごと》の出来《でき》る男《おとこ》

16巻《かん》／第《だい》71話《わ》

冷《れい》静《せい》沈《ちん》着《ちゃく》

意味《いみ》

物事《ものごと》に動《どう》じず、落《お》ち着《つ》いていること。

魔王《まおう》クレイマンと対決《たいけつ》することをリムルが発表《はっぴょう》した直後《ちょくご》ですが、ソウエイは落《お》ち着《つ》いてリムルの要望《ようぼう》を察《さっ》しました。

22巻《かん》／第《だい》99話《わ》

わ

和《わ》気《き》藹《あい》藹《あい》

意味《いみ》

とてもなごやかな雰《ふん》囲《い》気《き》のこと。

「藹藹《あいあい》」はなごやかな様子《ようす》のことだよ。

ヒナタをはじめとする聖騎士団《クルセイダーズ》と和解《わかい》したリムルは、魔王《まおう》ルミナスもいっしょに魔国連邦《テンペスト》に招《まね》いて盛大《せいだい》な食事会《しょくじかい》を開《ひら》きました。

ザワザワ
わはははは
…ほどほどにしなさいよ
ザワザワ
なぁソレもココの名物なのか？…ですか？
ワイワイ
この日《ひ》 魔物《まもの》と人間《にんげん》の間《あいだ》にあった壁《かべ》が
古黒米だ
ズッ
ゆっくりと溶《と》けていく様《さま》を見《み》たように思《おも》う

マンガ：『転生したらスライムだった件』川上泰樹・伏瀬・みっつばー
（講談社「月刊少年シリウス」連載）

「転生《てんせい》したらスライムだった件《けん》」で学《まな》ぶ 四字熟語《よじじゅくご》100

2025年1月28日　第1刷発行

編　講談社
発行者　安永尚人
発行所　株式会社講談社
〒112-8001
東京都文京区音羽2-12-21
電話　編集　03-5395-3535
販売　03-5395-3625
業務　03-5395-3615
印刷所　共同印刷株式会社
製本所　大口製本印刷株式会社

KODANSHA

N.D.C.726　127p　19cm　ISBN978-4-06-537947-9